WONDERKIDS
UNIVERSE

Ini adalah buku dari
WONDERKIDS UNIVERSE.

Tempat di mana mimpi sepak bola masuk ke dalam gawang.

Publishing

BINTANG SEPAK BOLA

Lamine Yamal

Informasi Hukum

Buku ini adalah cerita edukatif dan inspiratif untuk anak-anak, berdasarkan informasi yang tersedia untuk umum, artikel berita, dan fakta yang sudah dikenal. Cerita telah disederhanakan untuk pembaca muda dan tidak bertujuan menjadi lengkap atau sepenuhnya akurat.

Semua nama pemain, klub, tim, liga, kompetisi, dan merek yang disebutkan adalah milik pemiliknya masing-masing dan digunakan hanya untuk tujuan penjelasan. Buku ini tidak berhubungan dengan pemain, klub, liga, atau organisasi mana pun dan tidak disponsori atau disetujui oleh mereka.

Bintang Sepak Bola adalah seri buku yang diterbitkan oleh **WONDERKIDS UNIVERSE.**

Maily
MULAI PERTANDINGAN!

Pendahuluan

Halo, penggemar sepak bola,

Di tanganmu ada sesuatu yang spesial: sebuah buku penuh mimpi sepak bola.

Buku ini bercerita tentang anak-anak yang memulai dari kecil – sama seperti kamu – dengan bola di taman, di halaman sekolah, atau di ruang olahraga kecil. Saat itu, tidak ada yang tahu bahwa suatu hari mereka akan menjadi bintang dunia. Tapi mereka sudah punya mimpi.

Perjalanannya tidak selalu mudah. Ada cedera, keraguan, dan rintangan. Tapi mereka tidak pernah menyerah. Mereka percaya pada diri sendiri, berlatih dengan tekun, dan tetap menikmati permainan. Itulah yang membuat mereka menjadi pemain yang sekarang menginspirasi jutaan orang di seluruh dunia.

Dan kamu juga bisa meraih mimpimu. Setiap bintang besar memulai dari latihan pertama – sama seperti kamu.

Agar petualangan ini semakin seru, maskot kami Maily akan menemanimu sepanjang buku ini. Ia muncul di setiap bab, bertanya kepadamu, dan berbagi fakta menarik. Ia juga mengingatkan bahwa semua pemain hebat dulu hanyalah anak-anak yang ingin bermain.

Buku ini ada untuk memberimu semangat: percaya pada diri sendiri saat keadaan sulit, berani bermimpi besar, dan terus maju walau ada rintangan.

Sekarang duduklah dengan nyaman, buka halaman berikutnya, dan mulai petualanganmu.

Salam dari **WONDERKIDS UNIVERSE**

Tempat di mana mimpi sepak bola masuk ke dalam gawang.

Wuff! Ayo mulai — ambil bolamu dan ikut aku menuju bintang-bintang!

Maily: Pemandu Wonderkids-mu

Wuff wuff! Namaku Maily – teman sepak bolamu di buku ini!

Aku akan menemanimu di setiap bab. Aku akan menyemangatimu, bertanya hal-hal kecil, berbagi fakta seru, dan menunjukkan bagaimana pemain muda yang punya mimpi bisa menjadi bintang sepak bola.

Tahukah kamu? Bahkan bintang terbesar pun memulai dari suatu tempat... kadang dengan bola yang terlalu besar untuk mereka! Dengan keberanian, latihan, dan semangat, mereka berkembang dari satu pertandingan ke pertandingan berikutnya.

Di antara bab-bab, aku juga akan memperkenalkan pemain hebat dari berbagai zaman — legenda yang harus dikenal oleh setiap penggemar sepak bola.

Dan sst... buka matamu baik-baik! Akan ada kejutan tersembunyi, mungkin tantangan kecil atau pertanyaan lucu.

Jadi bersiaplah, ambil bola imajinasimu, dan ikut denganku. Bersama-sama kita akan menjelajahi dunia bintang sepak bola.

Petualangan dimulai!

Kontak Pertama

Cahaya Baru di Barcelona

Pada malam malam hangat di Catalonia, ketika langit berubah jingga dan Barcelona melambat sedikit, kadang kita bisa merasakan percikan kecil keajaiban sepak bola bahkan sebelum ada yang benar benar menyadarinya. Jauh sebelum stadion menyanyikan namanya, seorang anak laki laki datang ke lapangan lapangan kecil di lingkungan sekitar dengan senyum lebar, sebuah bola, dan mimpi yang lebih besar daripada tempat asalnya. Namanya Lamine Yamal. Dan sejak momen pertama itu, cara ia bergerak seolah memberi isyarat bahwa sebuah kisah baru sedang lahir.

Sepak Bola di Rocafonda

Di Rocafonda, kawasan tempat ia tumbuh, sepak bola ada di mana mana. Suaranya terdengar di antara gedung gedung, dimainkan di atas beton, kadang tanpa alas kaki, dan dibagi bersama teman teman dengan suasana yang hangat. Bagi Lamine, ini bukan sekadar permainan. Sepak bola adalah bahasa yang paling ia pahami, jauh sebelum keramaian dan kamera. Setiap sentuhan bola dan setiap lari memberi rasa kebebasan, seperti yang dirasakan seorang anak ketika menemukan sesuatu yang benar benar ia cintai.

Momen Kecil yang Terasa Ajaib

Kita bisa membayangkan adegannya dengan jelas. Lamine kecil menerima bola yang menggelinding pelan dari seorang teman. Ia menghentikannya dengan lembut menggunakan bagian dalam kaki, berhenti sekejap, lalu bergerak di depan para pemain bertahan yang menatap dengan senyum, seolah semuanya adalah permainan. Teman temannya menyemangati. Ia tertawa. Di sekelilingnya, semuanya terasa lebih terang dan lebih terbuka. Perasaan yang muncul adalah kegembiraan murni.

Tempat Mimpi Dimulai

Dari sana, jalannya akan membawanya ke lapangan baru, rekan setim baru, dan tempat tempat yang bagi banyak anak hanya bisa dilihat di televisi. Namun kisahnya tidak dimulai dengan keributan atau perhatian orang lain. Kisah itu dimulai dengan tenang, bersama orang tua yang mendukungnya, rumah multikultural yang penuh kehangatan, dan cinta tulus pada sepak bola yang tumbuh setiap hari.

Ia menonton pertandingan, mengagumi para pemain besar, dan membayangkan seperti apa rasanya suatu hari melangkah ke rumput sungguhan sambil mengenakan lambang yang ia cintai. Pikiran itu selalu dekat dengannya. Pikiran itu membuatnya terus maju dan menuntunnya.

Inilah kisah tentang bagaimana seorang anak dari Rocafonda menjadi salah satu talenta muda paling bersinar di sepak bola dunia, diceritakan langkah demi langkah, detik demi detik, sejak awal sekali.

10

Bab 1 - Masa Kecil

Mari kita mulai dari awal — saat mimpi sepak bola pertama kali terbentuk.

Rumah yang Dipenuhi Dua Dunia

Lamine Yamal lahir pada 13 Juli 2007 di Esplugues de Llobregat, sebuah kota tenang dekat Barcelona, tempat jalan jalan sempit bertemu dengan cahaya hangat Laut Mediterania. Ia tumbuh dalam rumah yang kaya akan dua budaya karena ayahnya berasal dari Maroko dan ibunya dari Guinea Khatulistiwa. Tradisi mereka menyatu setiap hari dan menciptakan dunia yang penuh musik, cerita, dan bahasa. Keberagaman ini membentuk Lamine jauh sebelum dunia mengenal bakatnya dan memberinya rasa identitas, kebersamaan, serta kepercayaan diri.

Di apartemen keluarga, sepak bola selalu dekat dengannya. Terkadang suara musik Afrika Utara memenuhi ruang tamu, di waktu lain ibunya memasak hidangan yang mengingatkannya pada masa kecil. Namun di tengah semua itu, Lamine hampir selalu memegang benda yang sama di tangannya yaitu sebuah bola. Bola itu tidak harus sempurna, kadang plastik, kadang lembut, bahkan hanya gulungan kaus kaki. Yang penting bola itu bisa menggelinding dan ia bisa mengejarnya.

Orang orang bercanda bahwa ia belajar menendang sebelum berjalan. Meskipun tidak sepenuhnya benar, hal itu menggambarkan energinya. Sejak kecil ia sudah mengarahkan bola dengan kaki kirinya, mendorongnya perlahan ke depan, lalu berlari mengejarnya dengan senyum lebar. Di situlah bakat alami kaki kirinya mulai terlihat.

Lapangan di Lingkungan Sekitar

Tidak jauh dari rumahnya terdapat lapangan kecil tempat anak anak berkumpul setelah sekolah dan pada malam yang hangat. Bagi Lamine, tempat itu adalah panggung pertamanya. Pada usia tiga atau empat tahun ia sudah ingin bermain dengan anak yang lebih besar. Mereka jauh lebih tinggi darinya, tetapi ia tidak takut. Matanya bersinar penuh tekad.

Ia tidak berlari mengejar bola secara acak seperti banyak anak seusianya. Ia mengamati dan menunggu momen yang tepat. Lalu dengan akselerasi kecil ia melewati ruang yang tidak terlihat oleh orang lain. Kadang seorang remaja mencoba menghentikannya, namun ia meluncur lewat dengan gerakan ringan. Suatu hari seseorang berkata sambil tersenyum bahwa ia bermain seolah mengetahui sesuatu yang tidak diketahui orang lain.

Di lapangan ini Lamine menemukan sesuatu yang penting yaitu kepercayaan diri yang tenang. Ia merasa bola adalah temannya dan hubungan ini akan menemaninya sepanjang hidup.

Nilai Keluarga dan Disiplin Awal

Jika lapangan memberi semangat, rumah membentuk karakternya. Orang tuanya mengajarkan sejak dini bahwa rasa hormat, pendidikan, dan kebaikan sama pentingnya dengan mencetak gol. Ibunya memastikan ia menyelesaikan tugas sekolah sebelum bermain sementara ayahnya mendorongnya untuk bermain dengan bebas tanpa tekanan. Mereka ingin ia menjadi pribadi yang baik terlebih dahulu sebelum menjadi atlet.

Hal ini terlihat bahkan dalam permainan. Ia membantu teman yang terjatuh dan tetap tenang ketika terjadi perselisihan agar permainan tetap menyenangkan.

Pada akhir pekan keluarga kadang menonton pertandingan lokal. Ketika bola keluar lapangan, orang orang sering memintanya untuk mengembalikannya. Namun ia tidak sekadar menendangnya kembali tetapi mengontrolnya, menggiring beberapa langkah, lalu mengoper dengan tepat. Orang mulai menyadari bahwa ia memiliki kontrol yang nyata.

Sedikit demi sedikit koordinasi, keseimbangan, dan terutama kaki kirinya berkembang pesat. Bola seolah menempel di kakinya.

Mimpi yang Lahir di Ruang Tamu

Semakin sering ia bermain, semakin sering ia menonton pertandingan. Bersama ayahnya ia mengikuti laga FC Barcelona. Ketika Lionel Messi, Xavi, atau Andrés Iniesta muncul di layar, ia memperhatikan dengan penuh fokus. Ia mengamati umpan, pergerakan, dan cara mereka menguasai waktu serta ruang. Setelah itu ia mencoba menirunya di rumah maupun di luar.

Suatu malam setelah pertandingan ia berkata kepada ayahnya dengan tenang bahwa suatu hari ia akan bermain di sana. Ia mengatakannya bukan sebagai mimpi yang jauh, tetapi sebagai rencana.

Ayahnya tersenyum dan ibunya mengangguk karena ia tahu mimpi membutuhkan dasar yang kuat. Di sekolah para guru juga mulai melihat hal yang sama. Ia tenang, penuh perhatian, dan percaya diri. Saat istirahat dengan bola di kakinya, ia secara alami menjadi pemimpin permainan.

Tak lama kemudian orang mulai membicarakannya. Pelatih memperhatikan dan pencari bakat mengamati dari kejauhan.

Di Barcelona, bakat sejati tidak akan tersembunyi lama.

Segera, akademi muda paling terkenal di dunia akan mengetuk pintunya.

Bab 2 -

Langkah Pertama di Dunia Sepak Bola

Di sini, kita melihat momen pertama di lapangan dan cinta yang mulai tumbuh untuk permainan ini.

Tim Pertama dan Kesempatan Awal

Ketika Lamine Yamal bergabung dengan tim pertamanya di Catalonia, ia masih sangat muda. Sebagian besar anak seusianya baru belajar mengikat tali sepatu atau duduk tenang di kelas, tetapi Lamine sudah melangkah ke lapangan dengan seragam sungguhan. Hal pertama yang diperhatikan para pelatih bukanlah kecepatannya atau posturnya yang kecil, melainkan ekspresi wajahnya yang fokus, tenang, dan penuh kegembiraan. Ia tidak gugup dan tidak terintimidasi. Ia hanya senang bisa bermain sepak bola dalam lingkungan yang terorganisir.

Sejak sesi latihan pertama, para pelatih mengamati anak kecil bermata cerah ini dengan saksama. Mereka mengira ia mungkin akan kesulitan menghadapi rekan setim yang lebih besar dan kuat, tetapi Lamine langsung mengejutkan mereka. Sentuhan bolanya lembut dan terkontrol. Ia tidak menendang bola secara sembarangan, melainkan mengarahkannya. Kaki kirinya bahkan pada usia itu terasa seperti kompas yang mengirimkan bola ke arah yang ia inginkan.

Dalam latihan, ia secara naluriah melakukan gerakan yang biasanya membutuhkan waktu lama untuk dipelajari pemain muda. Ia mengangkat kepala sebelum menerima bola, mengubah arah dengan langkah kecil yang cepat, dan melindungi bola dengan tubuhnya meski berpostur kecil. Yang terpenting, ia bermain dengan kegembiraan yang menular kepada teman temannya.

Pertandingan Pertama dan Reputasi yang Tumbuh

Pertandingan resminya yang pertama sudah menunjukkan sekilas masa depan. Sementara banyak pemain berlari bersama mengejar bola, Lamine tetap tenang dan bergerak menuju ruang kosong. Ia menunggu bola datang dan menggunakannya dengan cerdas. Ia tidak panik di bawah tekanan dan tidak menghindari tantangan.

Dalam beberapa pertandingan ia melewati pemain bertahan dengan mudah. Dalam kesempatan lain ia memberikan umpan yang mengejutkan. Visi permainannya terlihat jelas bahkan pada usia muda. Ia memahami pergerakan rekan setim sebelum mereka bergerak dan mengetahui ke mana bola harus diarahkan.

Seiring waktu reputasinya berkembang. Para pelatih lokal mulai membicarakan seorang anak dengan sentuhan istimewa dan kecerdasan permainan yang jarang. Di Catalonia, kabar tentang bakat sepak bola menyebar dengan cepat dan segera pencari bakat mulai memperhatikannya.

Ketika nama Lamine sampai ke telinga seorang pencari bakat yang terhubung dengan FC Barcelona, sebuah peluang besar mulai terbuka.

Undangan yang Mengubah Hidup

Undangan untuk mengikuti uji coba di La Masia terasa luar biasa bagi keluarganya. Ayahnya mendengarkan pesan itu lebih dari sekali untuk memastikan kebenarannya sementara ibunya mempersiapkan segalanya dengan hati hati dan mengingatkannya untuk tetap rendah hati serta menikmati momen.

Bagi Lamine sendiri, ini hanyalah kesempatan lain untuk bermain sepak bola di lapangan baru. Namun ketika hari itu tiba, ia terpesona oleh lapangan yang terawat dan lingkungan yang penuh disiplin.

Selama uji coba, para pelatih mengamati kontrol pertamanya dengan penuh perhatian. Ia menggiring bola dengan mudah, mengoper dengan tepat, dan tetap tenang di bawah tekanan. Kreativitasnya tidak hilang bahkan dalam situasi menantang.

Keputusan akhirnya sederhana.

La Masia menginginkannya.

Ketika orang tuanya menyampaikan kabar itu, ia hanya tersenyum kecil dan bertanya apakah ia bisa segera berlatih.

Hari Hari Pertama di La Masia

Masuk ke La Masia berarti memasuki dunia baru dengan latihan terstruktur, keseimbangan antara sekolah dan olahraga, serta kompetisi dengan talenta terbaik. Bagi banyak anak ini akan terasa sulit, tetapi bagi Lamine semuanya terasa alami.

Ia mengamati segalanya dengan cermat dan belajar dari pemain yang lebih tua. Ia tetap rendah hati dan membiarkan kakinya berbicara. Setiap hari ia bekerja dengan serius dan terus berkembang.

Meski sepak bola menjadi lebih terstruktur, ia tidak pernah kehilangan kreativitasnya. Ia tetap mencoba gerakan berani, mempercayai instingnya, dan bermain dengan kegembiraan.

La Masia menyambut semangat itu dan mendorongnya untuk terus menjaganya.

Apa yang dimulai sebagai mimpi di lapangan kecil kini menjadi perjalanan nyata yang segera berkembang lebih cepat dari yang bisa dibayangkan siapa pun.

Bab 3 - Tahun-Tahun Pembentukan

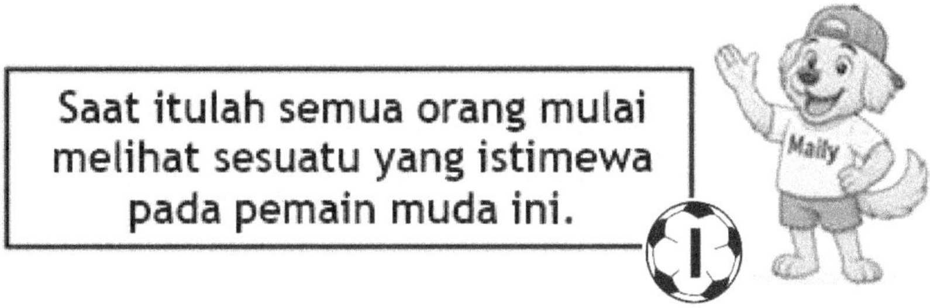

Tumbuh di Akademi Sepak Bola Legendaris

Memasuki masa pembinaan di La Masia terasa seperti memasuki tempat yang penuh sejarah hidup. Dinding akademi dipenuhi foto para legenda yang pernah berjalan di lorong yang sama seperti Lionel Messi, Xavi Hernández, Andrés Iniesta, dan Sergio Busquets. Bagi banyak pemain muda, gambar gambar ini menginspirasi rasa hormat. Bagi Lamine Yamal, gambar tersebut menyalakan semangat tenang di dalam dirinya. Ia jarang berbicara tentang ambisinya, tetapi ia membawanya dalam hati sebagai sesuatu yang ingin ia raih dengan kerja keras.

Setiap pagi dimulai dengan sekolah. Sore hari milik sepak bola. Malam diisi dengan tugas, istirahat, dan refleksi. Ritme ini menjadi dasar kehidupan di La Masia. Banyak pemain muda kesulitan menjaga keseimbangan, tetapi Lamine beradaptasi dengan mudah. Guru menggambarkannya sebagai sopan dan fokus, sementara pelatih menyebutnya disiplin dan rendah hati. Ia mungkin bukan yang paling vokal atau paling kuat secara fisik, tetapi ia adalah salah satu yang paling cepat belajar.

Di dalam akademi persaingan sangat ketat. Semua pemain berbakat dan memiliki mimpi yang sama. Namun bahkan di antara mereka, Lamine menonjol bukan karena suaranya tetapi karena kemampuannya membaca permainan. Kepalanya selalu bergerak, mengamati lapangan sebelum bola datang. Kemampuan mengantisipasi ini menjadi salah satu kekuatan utamanya.

Latihan dan Seni Kaki Kiri

Selama tahun tahun ini kemampuan teknis Lamine berkembang pesat. Ia berlatih untuk meningkatkan kontrol bola di ruang sempit, perubahan arah yang cepat, dan akselerasi mendadak. Namun yang paling menonjol adalah hubungannya dengan bola. Kaki kirinya menjadi alat presisi. Ia menggunakannya dengan mudah baik untuk menggiring maupun mengirim umpan panjang melengkung.

Dalam permainan kecil, yang menjadi bagian penting filosofi La Masia, ia sangat bersinar. Semakin sempit ruang, semakin kreatif ia bermain.

Ia melewati pemain bertahan dengan sentuhan pendek dan gerakan halus. Keseimbangannya luar biasa.

Suatu hari dalam latihan intens, seorang pemain lebih tua menekannya dengan keras. Lamine tetap tenang, lalu dengan sentuhan lembut ia melewati lawannya dan berakselerasi menuju ruang kosong. Gerakan itu begitu mulus hingga pelatih yang mengamati tersenyum dan menyadari bahwa ia berbeda.

Momen seperti ini tidak membuatnya sombong. Sebaliknya, ia bekerja lebih keras. Ia sering tetap berlatih setelah sesi selesai untuk mengulang dribel atau sudut umpan hingga matahari mulai terbenam.

Selain teknik, La Masia menekankan pengambilan keputusan. Lamine belajar kapan harus menyerang ruang, kapan memperlambat permainan, dan kapan mempercepatnya. Ia memahami pelajaran taktik dengan cepat dan mulai dipercaya memegang peran yang lebih kompleks.

Menjaga Keseimbangan antara Sekolah dan Mimpi

Di luar lapangan, kehidupan Lamine tetap stabil. Keluarganya memainkan peran penting dalam menjaga keseimbangan. Ibunya memastikan pendidikan tetap menjadi prioritas, sementara ayahnya mengingatkannya untuk tetap rendah hati.

Di sekolah ia dikenal sebagai murid yang tenang dan bertanggung jawab. Ia menyelesaikan tugasnya dengan baik meskipun lelah setelah latihan. Teman temannya mengaguminya bukan hanya karena bakat sepak bola tetapi juga karena sikapnya.

Menyeimbangkan pendidikan dan sepak bola tidak selalu mudah. Ada hari ketika ia pulang dengan lelah namun tetap harus belajar. Ia jarang mengeluh dan menganggap tantangan ini sebagai bagian dari perjalanan. Disiplin menjadi kekuatan tenangnya.

Pada akhir pekan ia tetap bermain secara bebas di halaman atau taman bersama keluarga. Momen ini menjaga kegembiraan dalam dirinya dan mengingatkannya bahwa sepak bola bukan hanya kompetisi tetapi juga kesenangan.

Pengakuan dan Tanda Masa Depan Besar

Seiring kemajuannya di kategori usia muda, para pelatih mulai membicarakannya dengan serius. Mereka tidak hanya mengagumi tekniknya tetapi juga ketenangannya di bawah tekanan. Ia menggunakan kecerdasan daripada kekuatan dan sudut daripada tenaga.

Ketika ia mencapai level Infantil dan Cadete, pembicaraan tentang potensinya mulai menyebar. Pengunjung yang menyaksikan latihan sering menanyakan tentang pemain sayap kiri muda yang bergerak dengan kelincahan luar biasa.

Ia mulai mencetak lebih banyak gol dan memberikan assist. Kadang melalui lari cepat di sayap, kadang melalui tembakan melengkung. Ia juga memilih solusi tim ketika diperlukan, menunjukkan kedewasaan dan kecerdasan.

Rekan setim menghormatinya karena ia mendukung pemain yang lebih muda dan merayakan keberhasilan bersama. Seorang pelatih mengatakan bahwa ia membuat orang lain menjadi lebih baik.

Selama tahun tahun pembinaan ini, mimpi yang pernah ia sampaikan kepada ayahnya semakin dekat. Kisah yang dimulai di lapangan kecil kini berkembang di jantung salah satu akademi terbaik di dunia.

Semua yang mengamatinya merasakan hal yang sama.

Ia sedang menuju sesuatu yang luar biasa.

?
Maily

Bab 4 - Bintang yang Sedang Bersinar

> Sekarang, ceritanya menjadi lebih besar – pertandingan pertama sebagai pemain profesional dimulai di sini.

Langkah Menuju Sepak Bola Profesional

Ketika Lamine Yamal memasuki pertengahan masa remajanya di La Masia, akademi telah menyadari sesuatu yang jelas yaitu ia bukan hanya berbakat. Ia termasuk dalam kasus langka yang berkembang lebih cepat daripada sistem itu sendiri. Para pelatih mulai memainkannya bersama pemain yang lebih tua bukan untuk menguji, tetapi karena ia memang pantas berada di antara mereka. Ia menghadapi intensitas fisik, kecepatan, dan tekanan dengan ketenangan yang mengejutkan.

Sekitar tahun 2021 hingga 2022, para pendukung FC Barcelona mulai mendengar namanya. Pada usia 14 tahun ia sudah bermain bersama Juvenil A, menghadapi lawan yang jauh lebih tua dan berpengalaman. Ketika ia memasuki lapangan, ia tidak tampak tertinggal. Ia tampak siap. Kemampuannya melewati pemain bertahan, bergerak di ruang sempit, dan mengambil keputusan tenang di bawah tekanan menarik perhatian banyak orang.

Di dalam klub, beberapa pelatih mulai mengatakan bahwa ia berbeda dan memiliki sesuatu yang tidak dapat diajarkan serta melihat permainan seperti pemain dewasa. Reputasinya tumbuh di dalam akademi dan juga di luar. Video dribel dan golnya mulai beredar secara diam diam. Pendukung muda mulai membicarakan pemain kidal yang berkembang pesat di tim muda Barcelona.

Namun di dalam dirinya, ia tetap menjadi anak yang tenang dan rendah hati yang mencintai sepak bola.

Panggilan ke Tim Utama

Segalanya berubah pada 29 April 2023, sebuah tanggal yang mengubah hidupnya. Pelatih FC Barcelona, Xavi Hernández, mengambil keputusan berani dan memanggil seorang pemain berusia 15 tahun untuk berlatih bersama tim utama.

Ketika Lamine mendengar kabar itu, ia sempat terdiam sejenak karena tidak yakin telah memahaminya dengan benar. Namun ia segera mempersiapkan diri.

Memasuki pusat latihan tim utama terasa tidak nyata. Para pemain yang selama ini ia kagumi kini berada di dekatnya. Namun ia tetap melakukan hal yang selalu ia lakukan yaitu mengamati dengan tenang, mempelajari latihan, dan mendengarkan dengan penuh perhatian. Ketika bola sampai di kakinya, ia bermain tanpa ragu.

Para pemain senior segera melihat kualitasnya. Kontrol bolanya bersih, visi permainannya jelas, dan keputusannya cepat. Xavi melihat bukan seorang anak di antara orang dewasa, tetapi seorang pemain muda yang mampu bersaing di level tertinggi.

Debut yang Mengejutkan Dunia

Keesokan harinya sesuatu yang luar biasa terjadi. Xavi memasukkannya ke dalam skuad untuk pertandingan melawan Real Betis. Ia baru berusia 15 tahun, menjadikannya salah satu pemain termuda yang menerima kesempatan tersebut.

Saat ia memasuki lapangan di Spotify Camp Nou di hadapan puluhan ribu pendukung, ia melangkah dengan percaya diri. Ia tidak terintimidasi oleh sorotan. Ia menikmati momen itu.

Sentuhan pertamanya sederhana tetapi tepat. Pergerakannya cepat dan ia bahkan mencoba dribel berani di sisi kanan yang disambut tepuk tangan. Meskipun hanya beberapa menit, dampaknya besar. Media segera mencari tahu lebih banyak tentangnya dan para penggemar membagikan momen debutnya.

Setelah pertandingan, Xavi mengatakan bahwa ia mempercayainya karena ia istimewa.

Malam itu menandai peralihan dari pemain muda berbakat menjadi profesional masa depan.

Bintang Muda di Panggung Internasional

Tak lama setelah debut profesionalnya, Lamine juga bersinar di level internasional bersama tim muda Spanyol. Gol, assist, dan kecerdasannya menunjukkan kedewasaan luar biasa untuk usianya.

Baik mengenakan seragam Spanyol maupun Barcelona, gaya bermainnya tetap sama yaitu kreatif, berani dalam dribel, dan memiliki kaki kiri yang mampu menciptakan momen menakjubkan.

Pada tahun 2023 ia tampil menonjol dalam kompetisi usia muda, mencetak gol spektakuler dan memimpin serangan dengan ketenangan yang jarang dimiliki remaja.

Keberhasilannya di level internasional membuktikan bahwa ia bukan sekadar menjanjikan tetapi termasuk salah satu talenta muda paling bersinar di Eropa.

Awal Era Baru

Menjelang akhir tahun 2023, para pendukung Barcelona tidak lagi melihatnya sebagai pemain akademi yang tampil sesaat. Mereka melihatnya sebagai masa depan.

Ia berlatih secara rutin bersama tim utama, mendapatkan menit bermain di Liga, dan menunjukkan kilasan kreativitas, keberanian, dan kegembiraan.

Para pelatih di Barcelona dan tim nasional menyadari bahwa ia memiliki sesuatu yang langka yaitu kecepatan dengan kecerdasan, bakat dengan disiplin, dan keberanian dengan kerendahan hati.

Perjalanannya tampak alami namun tetap luar biasa.

Anak yang dulu bermain di halaman kecil kini memasuki sorotan dunia.

Masa pembinaannya telah selesai.

Perjalanan profesionalnya baru saja dimulai.

Bab 5 - Momen Terobosan

Mari kita lihat lebih dekat gerakan, kualitas, dan keajaiban yang membuat pemain ini unik.

Remaja di Panggung Terbesar

Musim 2023-2024 menjadi momen ketika Lamine Yamal tidak lagi hanya dipandang sebagai talenta akademi, tetapi sebagai salah satu pemain muda paling menarik di dunia. Ia baru berusia 16 tahun, namun FC Barcelona sudah mempercayainya dalam situasi yang bahkan membuat pemain berpengalaman ragu. Ketenangannya di bawah tekanan, kreativitas di ruang sempit, dan kepercayaan diri yang tenang dalam setiap gerakannya membuatnya langsung terlihat berbeda.

Barcelona membutuhkan energi baru, imajinasi, dan keberanian, dan Lamine membawa semua itu secara alami. Sejak pertandingan awal musim, para pendukung merasakan sesuatu yang istimewa. Ia tidak bermain seperti remaja. Ia bermain seperti seseorang yang memang ditakdirkan untuk panggung besar.

Pada 27 Agustus 2023, Barcelona menghadapi Villarreal dalam pertandingan yang spektakuler. Lamine menjadi starter pada usia 16 tahun 38 hari dan menjadi salah satu pemain termuda dalam sejarah klub yang memulai pertandingan. Ia tampil mengesankan dengan dribel yang menembus pertahanan, tembakan melengkung yang membentur tiang, dan assist cemerlang yang menghidupkan stadion. Ketika ia meninggalkan lapangan, para penonton berdiri dan bertepuk tangan.

Saat Dunia Mulai Memperhatikan

Sepanjang musim, cuplikan penampilannya menyebar ke seluruh Eropa. Para bek kesulitan menghentikannya dan para pendukung mengagumi kedewasaannya. Media dari berbagai negara mulai menulis tentang pemain sayap muda dari La Masia ini.

Gaya khasnya menjadi mudah dikenali yaitu menerima bola di sisi kanan, berhenti sejenak, lalu berakselerasi dengan kaki kiri yang seolah menempel pada bola. Ia mampu memperlambat atau mempercepat permainan dalam sekejap.

Pada 16 September 2023, ia memberikan assist penting melawan Real Betis. Beberapa hari kemudian, saat menghadapi Royal Antwerp di Liga Champions, ia menjadi pemain termuda dalam sejarah Barcelona yang tampil di kompetisi tersebut. Ia juga menjadi salah satu pemain termuda yang bermain dalam pertandingan El Clásico melawan Real Madrid. Meskipun Barcelona tidak menang, penampilannya tetap mengesankan.

Bintang Baru untuk Spanyol

Kepercayaan juga datang dari tim nasional Spanyol. Pada September 2023, Lamine melakukan debut bersama tim senior pada usia 16 tahun 57 hari dan menjadi pemain termuda serta pencetak gol termuda dalam sejarah tim nasional Spanyol. Gol pertamanya melawan Georgia, melalui tembakan kaki kiri yang kuat, disambut sorakan stadion.

Pada Euro 2024 di Jerman, ia kembali tampil menonjol. Ia memberikan assist, menciptakan peluang, dan mencetak gol spektakuler di semifinal melawan Prancis. Gol melengkungnya menjadi salah satu momen paling berkesan dalam turnamen. Spanyol akhirnya memenangkan Euro 2024 dan Lamine menjadi juara Eropa termuda dalam sejarah.

Memecahkan Rekor

Pertandingan demi pertandingan, Lamine memecahkan berbagai rekor. Ia menjadi salah satu pemain termuda yang menjadi starter di La Liga untuk Barcelona, pemain dan pencetak gol termuda dalam sejarah tim nasional Spanyol, serta salah satu pemain termuda yang tampil dan mencetak gol di Kejuaraan Eropa.

Perjalanannya tampak luar biasa, namun didasarkan pada kerja keras dan konsistensi.

Mentalitas Seorang Bintang

Meski meraih banyak rekor dan pujian, Lamine tetap rendah hati. Ia menghargai rekan setim, mendengarkan pelatih, dan menghormati lawan. Ia tidak pernah bertindak seolah pantas mendapat perlakuan khusus.

Seorang pemain Barcelona pernah mengatakan bahwa ia tidak bertingkah seperti bintang, melainkan seperti seseorang yang ingin terus belajar.

Kepercayaan yang Terus Bertumbuh

Pada awal musim 2024–2025, Barcelona semakin mengandalkannya. Ia menjadi starter, kreator serangan, dan sering menentukan hasil pertandingan. Para pendukung datang ke stadion untuk melihatnya bermain. Anak anak mengenakan namanya di jersey mereka.

Perjalanannya sangat cepat.

Kepercayaan terhadapnya semakin besar.

Ia telah menjadi bintang baru.

Bab 6 - Panggung Dunia

Di sini, perjalanan semakin cepat: bakat menjadi terkenal dan dunia mulai

Remaja yang Membawa Harapan Bangsa

Pada awal tahun 2024, Lamine Yamal telah melampaui batas sepak bola usia muda. Ia bukan lagi sekadar harapan besar FC Barcelona atau sensasi baru Spanyol. Ia telah menjadi sesuatu yang lebih besar yaitu seorang remaja yang membawa harapan dan imajinasi seluruh bangsa sepak bola. Ketika ia memasuki lapangan dengan seragam tim nasional Spanyol, jutaan mata mengikutinya. Namun di tengah sorotan itu, ia tetap melakukan hal yang selalu ia lakukan yaitu bermain dengan tenang, cerdas, dan penuh kegembiraan.

Spanyol dikenal dengan gelandang dan penyerang kelas dunia. Namun sejak masa Andrés Iniesta dan David Silva, para pendukung belum merasakan harapan sebesar ini terhadap pemain muda. Sesuatu yang baru muncul. Sesuatu yang langka. Dan pada usia enam belas tahun, Lamine berada di pusatnya.

Ia bergabung dengan tim yang berisi pemain berpengalaman seperti Álvaro Morata, Rodri, Dani Olmo, dan Fabián Ruiz, dan beradaptasi secara alami. Rekan setim tidak memperlakukannya sebagai anak, tetapi sebagai profesional. Mereka memberinya bola dan mengandalkannya untuk mengubah ritme pertandingan. Ia menjawab kepercayaan itu.

Dalam pertandingan kualifikasi dan laga persahabatan sebelum Euro 2024, ia menunjukkan kedewasaan yang mengesankan. Ia menekan dengan komitmen, menciptakan peluang dengan kreativitas, dan bermain tanpa rasa takut. Komentator mulai menyebutnya sebagai masa depan sepak bola Spanyol, tetapi penampilannya menunjukkan bahwa ia juga bagian dari masa kini.

Euro 2024 – Turnamen yang Mengubah Segalanya

Ketika Kejuaraan Eropa 2024 dimulai di Jerman, Lamine Yamal tidak lagi bisa diabaikan. Ia menjadi pemain termuda dalam sejarah turnamen tersebut. Namun di lapangan ia menunjukkan ketenangan seorang pemain yang terbiasa dengan pertandingan besar.

Spanyol memasuki turnamen dengan ambisi dan tekanan. Tim memiliki bakat, kekuatan taktis, dan kepercayaan diri. Yang mengejutkan banyak pengamat adalah betapa cepatnya Lamine menjadi bagian penting dari serangan. Pergerakannya meregangkan pertahanan, dribelnya membuka ruang, dan umpan kreatifnya memecah blok lawan.

Selama fase grup, Spanyol memenangkan ketiga pertandingan. Lamine berkontribusi melalui assist, peluang yang ia ciptakan, dan ancaman konstan di sisi kanan. Di stadion stadion Jerman, para pendukung mulai menyanyikan namanya. Anak anak melukis nomornya di pipi mereka.

Momen paling berkesan terjadi di semifinal melawan Prancis. Spanyol tertinggal dan tekanan sangat tinggi. Pada menit ke 21, bola datang kepadanya di luar kotak penalti. Ia berhenti sejenak, menggeser bola ke kaki kirinya, lalu melepaskan tembakan melengkung indah ke sudut atas gawang. Stadion terdiam sejenak sebelum meledak dalam sorakan. Ia menjadi pencetak gol termuda dalam sejarah Euro.

Gol itu mengubah jalannya pertandingan dan memperkuat kepercayaan tim. Spanyol melaju ke final dan memenangkan gelar Eropa. Pada usia tujuh belas tahun, Lamine menjadi juara Eropa dan salah satu wajah turnamen.

Perhatian Dunia dan Tanggung Jawab Baru

Setelah Euro 2024, pandangan dunia terhadapnya berubah. Ia bukan lagi hanya talenta Barcelona, tetapi bintang internasional yang dikenal luas. FC Barcelona memberinya tanggung jawab lebih besar pada musim 2024-2025. Ia memulai pertandingan penting, menghadapi tim terbaik Eropa, dan menjadi salah satu penggerak serangan.

Para lawan mulai mempersiapkan strategi khusus untuk menghentikannya. Bek mempelajari gerakannya dan pelatih menempatkan dua pemain di sisinya. Namun semakin ia dijaga, semakin ia beradaptasi. Ia mengubah ritme, menemukan sudut baru, dan memberikan umpan tak terduga.

Bersama Spanyol, ia juga bermain dengan kedewasaan yaitu bertahan, menekan dengan cerdas, dan melancarkan serangan balik. Para jurnalis mencatat bahwa ia menghadapi tekanan dengan ketenangan tanpa mencari perhatian.

Seorang rekan setim mengatakan bahwa ia bermain dengan kegembiraan dan itulah rahasianya.

Remaja dengan Masa Depan Dunia

Menjelang akhir tahun 2025, Lamine telah menempatkan dirinya di panggung dunia. Ia telah bermain di final besar, mencetak gol bersejarah, dan membantu tim meraih gelar penting. Ia menunjukkan keberanian melawan bek terbaik, kecerdasan dalam memahami taktik, dan kerendahan hati untuk terus belajar.

Di seluruh Eropa, anak anak mengenakan namanya di jersey mereka. Pendukung Barcelona melihatnya sebagai simbol harapan. Spanyol mengandalkannya sebagai bagian penting generasi baru.

Dan di tengah tekanan serta perhatian, satu hal tetap sama.

Ia bermain dengan kegembiraan yang sama seperti ketika ia pertama kali menemukan sepak bola di lapangan kecil di Catalonia.

Kehadirannya di panggung dunia telah tercapai.

Kisahnya di panggung dunia baru saja dimulai.

?
10
Maily

Bab 7 - Kejayaan dan Perkembangan

Inilah momen tak terlupakan — gol, pertandingan, dan saat-saat yang membuat sejarah.

Dari Harapan Besar Menjadi Pemain Kunci

Sepanjang musim 2024–2025, Lamine Yamal berkembang dari talenta menjanjikan menjadi pemain penting bagi FC Barcelona. Ia baru berusia tujuh belas tahun, namun kehadirannya di lapangan mencerminkan kepercayaan diri pemain berpengalaman. Antusiasme awalnya berubah menjadi sesuatu yang lebih dalam yaitu rasa hormat. Rekan setim memberinya bola dalam momen penting, pelatih mengandalkannya untuk membongkar pertahanan rapat, dan para pendukung menahan napas setiap kali ia berakselerasi di sisi kanan.

Di bawah arahan staf pelatih Barcelona, permainannya berkembang pesat. Dribelnya tetap memukau, tetapi pengambilan keputusannya menjadi semakin matang. Ia belajar menganalisis pertahanan dengan cerdas, memilih waktu yang tepat untuk menyerang, memperlambat permainan, atau bekerja sama dengan rekan setim. Umpannya menjadi lebih akurat, pemahamannya terhadap ruang semakin tajam, dan kedewasaannya menjadi kekuatan utama. Seorang asisten pelatih mengatakan bahwa ia bermain bukan hanya dengan bakat, tetapi dengan tujuan.

Klub memberinya tanggung jawab lebih besar. Ia memulai pertandingan Liga Champions, tampil dalam laga penting liga, dan sering tetap berada di lapangan hingga akhir karena tim membutuhkan kreativitasnya. Meski tekanan meningkat, ia tetap tenang, rendah hati, dan bertekad untuk terus berkembang.

Momen Brilian dalam Musim

Setiap bintang muda memiliki momen yang tidak terlupakan. Bagi Lamine, musim 2024-2025 dipenuhi aksi penting.

Dalam pertandingan melawan Atlético Madrid, Barcelona tertinggal di akhir laga. Pada menit ke 84, Lamine menerima bola di dekat garis tepi. Dua bek mendekat. Ia melakukan gerakan cepat, melewati keduanya, lalu mengirim umpan mendatar yang menghasilkan gol penyeimbang. Stadion bersorak.

Kemudian di Liga Champions, di bawah sorotan Eropa, ia mencetak gol luar biasa setelah melewati beberapa pemain bertahan dan menyelesaikannya dengan tembakan melengkung kaki kiri ke sudut gawang.

Aksi ini bukan kebetulan, melainkan hasil dari kerja keras, disiplin, dan perpaduan antara bakat alami dan kecerdasan.

Kepemimpinan yang Rendah Hati

Kesuksesan dapat mengubah seseorang, tetapi Lamine tetap setia pada dirinya. Ia tetap menjadi pribadi yang sopan seperti saat bermain di jalanan lingkungannya. Ia menyapa pendukung, berterima kasih kepada staf, dan mendukung pemain muda akademi.

Di ruang ganti ia menjadi sumber semangat. Ia menyemangati rekan setim yang melakukan kesalahan dan membawa energi dalam latihan.

Ketika menerima penghargaan individu, ia selalu membaginya dengan tim. Para jurnalis tidak menemukan kesombongan, tetapi seorang pemain muda yang fokus dan bersyukur.

Bertumbuh di Luar Lapangan

Dengan ketenaran datang tanggung jawab baru seperti wawancara dan penampilan publik. Lamine menghadapinya dengan profesionalisme dan selalu berbicara tentang tim serta keluarganya dengan rasa syukur.

Keluarganya membantu menjaga keseimbangan. Ibunya mengingatkannya untuk tetap baik, sementara ayahnya mendorongnya menikmati perjalanan tanpa kehilangan disiplin.

Di luar lapangan ia tetap melanjutkan pendidikan, mengatur waktu, menjaga pola makan, serta meningkatkan kesiapan fisik dan mental.

Ia juga berkembang secara emosional. Ia belajar menghadapi tekanan, menerima kritik, dan menjadikan kesalahan sebagai pelajaran.

Kejayaan yang Dibangun oleh Karakter

Menjelang akhir 2025, Lamine Yamal menjadi salah satu pemain muda paling berpengaruh di dunia. Ia bersinar di kompetisi internasional, menentukan pertandingan penting, dan menginspirasi penggemar di berbagai benua.

Namun pencapaiannya tidak hanya tentang gol atau rekor. Keberhasilannya terletak pada cara ia berkembang dengan menggabungkan ketenaran dan kerendahan hati, bakat dan disiplin.

Ia menjadi simbol generasi baru.

Kisahnya bukan lagi tentang seorang anak yang mengejar mimpi.

Kisahnya tentang seorang pemuda yang menjalani mimpi tersebut dan bersiap membawanya lebih jauh.

Bab berikutnya akan menguji kekuatan, ketahanan, dan keyakinannya.

Bab 8 - Tantangan dan Ketahanan

Setiap bintang pernah menghadapi masa sulit — di sini kita melihat bagaimana keberanian dan kerja keras membawa mereka kembali ke puncak.

Tekanan yang Jauh Melebihi Usianya

Seiring ketenaran datang beban yang jarang dialami remaja. Pada tahun 2025, Lamine Yamal bukan hanya salah satu talenta terbesar FC Barcelona, tetapi juga salah satu pemain muda yang paling banyak dibicarakan di dunia. Harapan meningkat di setiap pertandingan. Kamera mengikuti setiap langkahnya. Pendukung menganalisis setiap aksinya secara langsung. Media sosial bereaksi terhadap setiap dribel, setiap momen brilian, bahkan setiap kesalahan.

Bagi seorang remaja berusia tujuh belas tahun, perhatian sebesar ini bisa terasa berat. Wartawan mengajukan pertanyaan seperti kepada orang dewasa. Komentator membandingkannya dengan legenda. Bahkan pada hari ia tidak bermain, namanya tetap menjadi bahan pembicaraan. Di tengah semua itu, ia tetap tenang dan fokus menjalani mimpinya.

Ada saat saat ketika tekanan terasa nyata. Setelah pertandingan tanpa gol atau ketika lawan menjaganya dengan ketat, kritik mulai muncul. Beberapa orang mempertanyakan apakah Barcelona terlalu bergantung pada pemain muda. Namun Lamine tetap tenang. Seorang rekan setim pernah mengatakan bahwa ia bermain dan belajar tanpa membiarkan tekanan menguasainya. Sikap ini menjadi salah satu kekuatannya.

Menghadapi Lawan Lebih Kuat dan Tantangan Taktis

Seiring bek mulai memahami gaya permainannya, pertandingan menjadi lebih sulit. Ia sering dijaga oleh dua pemain. Lawan mempelajari pergerakannya secara detail dan pelatih menyusun strategi khusus untuk menghentikannya. Untuk pertama kalinya, ia mengalami momen ketika ruang menjadi sempit dan peluang berkurang.

Ini menjadi ujian baru. Bakat alaminya telah membawanya jauh, tetapi kini ia harus beradaptasi. Ia melatih kekuatan fisik untuk melindungi bola dan mengembangkan pengambilan keputusan agar permainannya tidak mudah ditebak. Ia mulai memvariasikan gerakan dengan bermain lebih lebar, melakukan kombinasi cepat, atau melakukan akselerasi mendadak.

Beberapa pertandingan membutuhkan kesabaran. Yang lain menuntut ketekunan setelah peluang terlewat. Pengalaman ini membentuknya menjadi pemain yang lebih lengkap. Seorang pelatih Barcelona menyebut periode ini sebagai badai yang diperlukan untuk memahami siapa dirinya.

Tumbuh Melalui Kesalahan dan Pelajaran

Seperti talenta muda lainnya, Lamine juga melakukan kesalahan. Ada pertandingan yang membuat frustrasi, umpan yang kurang tepat, atau lawan yang tampil lebih baik. Namun ia tidak menyerah dan menjadikan momen tersebut sebagai pelajaran.

Setelah pertandingan sulit, ia sering tetap berlatih lebih lama. Ia mengulang latihan hingga mendapatkan kembali kepercayaan diri. Pelatih mengagumi keseriusannya karena ia tidak mencari alasan. Jika kehilangan bola, ia kembali bertahan. Jika gagal memanfaatkan peluang, ia meminta kesempatan berikutnya. Kemampuannya mengubah kesulitan menjadi kemajuan membuatnya berbeda.

Pemain berpengalaman juga membantunya. Mereka mengingatkan bahwa setiap pemain hebat melewati masa sulit dan kebesaran dibangun melalui usaha. Ia belajar bahwa tujuan bukanlah kesempurnaan, tetapi perkembangan berkelanjutan. Ia mengembangkan ketahanan mental yang membuatnya bangkit kembali.

Kekuatan Mental dan Dukungan Keluarga

Di balik layar, keluarganya memainkan peran penting. Ibunya mengingatkannya untuk menjaga keseimbangan emosi. Ayahnya mendorongnya tanpa memberi tekanan. Dukungan mereka memberinya stabilitas.

FC Barcelona juga memberikan pendampingan profesional untuk membantu mengelola stres dan perhatian media. Ia belajar menjaga jarak dari tekanan dan memisahkan identitas pribadi dari harapan publik.

Ia juga menyadari pentingnya hal sederhana seperti mendengarkan musik, menghabiskan waktu dengan keluarga, dan tertawa bersama rekan setim. Ia memahami bahwa istirahat dan keseimbangan mental sama pentingnya dengan latihan.

Melalui semua tantangan ini, ia membangun kekuatan batin yang besar. Ia menyadari bahwa ketahanan bukan berarti semuanya mudah, tetapi berarti menghadapi kesulitan dengan jujur dan berani.

Menjadi Pemain yang Lebih Lengkap

Menjelang akhir tahun 2025, Lamine Yamal bukan lagi sekadar sensasi remaja. Ia telah menjadi pemain yang lebih lengkap dengan karakter dan kedewasaan. Tekanan media, tantangan taktis, lawan kuat, dan momen keraguan justru memperkuatnya.

Pendukung mengagumi bakatnya. Pelatih menghormati ketekunannya. Rekan setim menghargai kedewasaannya. Lawan mengakui perkembangannya.

Ia belajar menghadapi harapan dunia bukan dengan menghindarinya, tetapi dengan tumbuh melaluinya.

Hambatan tidak menghentikannya.

Hambatan justru mempersiapkannya.

Dan menjadi jelas bahwa ketahanan yang ia bangun akan menjadi dasar kuat bagi semua pencapaiannya di masa depan.

?
Maily

Bab 9 - Bab Terbaru

Sekarang, hal-hal penting mulai terjadi: inilah bagaimana permainan dan hidupnya berkembang saat ini.

Simbol Generasi Baru

Pada akhir tahun 2025, Lamine Yamal bukan lagi sekadar talenta muda Barcelona atau harapan Spanyol. Ia telah menjadi simbol global dan inspirasi bagi jutaan anak serta penggemar yang melihatnya sebagai wajah era baru sepak bola, bukan hanya karena tekniknya, tetapi juga kepribadian, kerendahan hati, dan kegembiraannya dalam bermain.

Musim Bersejarah 2024-2025

Musim 2024-2025 menegaskan posisinya di level tertinggi. Meski masih muda, ia memainkan peran penting dalam keberhasilan Barcelona meraih La Liga dengan gol penentu dan assist penting. Pengaruhnya diakui ketika ia dinobatkan sebagai Pemain U23 Terbaik musim tersebut.

Salah satu momen paling berkesan terjadi di Cornellà ketika ia mencetak gol spektakuler dari luar kotak penalti melalui tembakan melengkung ke sudut atas gawang. Sepanjang musim, ia juga memecahkan beberapa rekor usia muda di klub dan mengukuhkan tempatnya dalam sejarah Barcelona.

Gaya Bermain yang Menginspirasi

Gaya bermain Lamine efektif sekaligus indah. Ia mengontrol bola dengan lancar, memadukan dribel dengan keputusan cerdas, dan memiliki insting langka untuk menciptakan ruang. Banyak pelatih menggunakan permainannya sebagai contoh pemahaman ruang dan perubahan ritme.

Ia menunjukkan bahwa sepak bola dapat menjadi seni sekaligus kompetisi, dengan keberanian yang selalu disertai kerendahan hati.

Dampak Sosial

Pengaruhnya melampaui lapangan. Latar belakang multikulturalnya menjadikannya sosok yang mudah diidentifikasi oleh banyak anak dari berbagai latar belakang. Kisahnya menunjukkan bahwa bakat dan kerja keras dapat membuka peluang.

Ia juga terlibat dalam kegiatan bersama pemain muda dan mengingatkan bahwa sepak bola harus tetap menyenangkan serta menjadi sarana kreativitas.

Bintang Dunia dengan Tanggung Jawab Baru

Pada musim 2025–2026, Lamine terus bersinar di La Liga dan Liga Champions serta menerima penghargaan individu penting. Statistiknya menunjukkan peran besar dalam momen krusial.

Meski menghadapi tantangan dan kebutuhan pemulihan, ia tetap menjadi bagian penting dari serangan Barcelona dan menunjukkan profesionalisme.

Lebih dari Sekadar Angka

Yang membuatnya istimewa bukan hanya statistik, tetapi juga sikapnya. Rekan setim menghargai energi positif dan dukungannya terhadap pemain muda. Ia tetap bermain dengan senyum, menghormati pelatih, dan menghargai lawan.

Ia juga mulai disebut dalam daftar kandidat penghargaan individu tertinggi, menunjukkan pengakuan global terhadap bakatnya.

Referensi Masa Depan

Spanyol telah menghasilkan banyak talenta, tetapi Lamine mewakili generasi baru yang kreatif dan cerdas. Gol bersejarahnya di Euro 2024 menjadi simbol kebangkitan sepak bola Spanyol.

Perjalanannya sering dijadikan contoh bahwa bakat, disiplin, dan kegembiraan dapat berjalan bersama.

Awal Warisan Besar

Meskipun kariernya masih panjang, ia telah membangun fondasi warisan yang melampaui statistik. Pengaruhnya terlihat dalam kegembiraan yang ia bawa ke permainan, kerendahan hati dalam kesuksesan, ketahanan menghadapi tantangan, kepercayaan yang ia bangun di tim, dan mimpi yang ia bangkitkan pada jutaan anak.

Kisahnya terus berkembang dan menunjukkan bahwa warisan dibangun melalui setiap tindakan dan keberanian.

Menjelang tahun 2026, satu hal menjadi jelas.

Lamine Yamal akan meninggalkan jejak besar dalam sepak bola dunia bukan hanya karena bakatnya, tetapi juga karena kemanusiaannya.

7
?
Maily

Bab 10 - Hati Seorang Juara

Mari kita akhiri dengan melihat ke masa depan — dan melihat apa yang bisa kita pelajari dari perjalanan luar biasa ini.

Anak di Balik Bola

Ketika lampu stadion padam, sorakan penonton menghilang, dan bola berhenti menggelinding, Lamine Yamal kembali menjadi Lamine. Bukan bintang FC Barcelona, bukan pemecah rekor termuda, bukan pahlawan kejuaraan Eropa, tetapi seorang pemuda yang terus tumbuh, belajar, dan mengenal dirinya di luar lapangan.

Justru di luar lapanganlah kita memahami mengapa ia bermain seperti itu.

Keluarga sebagai Fondasi

Keluarga adalah pusat kehidupannya. Sejak kecil, orang tuanya menanamkan satu prinsip yaitu sepak bola penting, tetapi tidak pernah lebih penting daripada pribadi seseorang.

Ayahnya selalu hadir tanpa memberi tekanan. Ia tidak pernah berteriak dari pinggir lapangan atau menuntut hal yang mustahil. Pesannya sederhana yaitu menikmati permainan, terus belajar, dan tetap menjadi diri sendiri.

Ibunya sering disebut sebagai pilar emosionalnya. Ia menjaga keseimbangan hidupnya dan mengingatkan bahwa rasa hormat, kesopanan, dan kerendahan hati adalah nilai penting.

Di rumah, pembicaraan tidak hanya tentang sepak bola tetapi juga tentang sekolah, teman, musik, perjalanan, dan kehidupan sehari hari. Hal ini membuatnya tetap membumi.

Saudara dan Momen Sederhana

Lamine memiliki hubungan dekat dengan anggota keluarga yang lebih muda. Ia bermain bersama mereka, bercanda, kadang menang, kadang kalah, dan menerima kekalahan dengan lapang.

Dalam pertemuan keluarga, ia sering mengusulkan pertandingan kecil. Saat liburan, ia mengadakan turnamen santai di pantai atau taman tanpa sorotan kamera, hanya tawa dan kenangan.

Minat di Luar Sepak Bola

Sepak bola adalah passion utamanya, tetapi bukan satu satunya.

Ia menyukai musik dan mendengarkannya sebelum pertandingan untuk membantu fokus. Ia juga menikmati bermain gim, terutama gim sepak bola, bersama teman.

Mode juga menjadi bagian dari minatnya. Ia suka memadukan warna dan mencoba gaya berbeda sebagai bentuk ekspresi diri.

Waktu Istirahat

Saat beristirahat, ia memilih kesederhanaan seperti berjalan santai di pantai atau taman. Ia tidak membutuhkan kemewahan untuk merasa bahagia.

Di tempat seperti itu, ia kadang bermain pertandingan informal yang mengingatkannya pada alasan awal bermain yaitu kesenangan.

Media Sosial

Di media sosial, ia tetap alami. Ia membagikan momen latihan, kebersamaan tim, dan pesan positif. Ia tidak berusaha mengesankan, tetapi menginspirasi.

Ia mendorong anak anak untuk percaya diri dan bekerja keras.

Impian dan Tujuan

Ketika berbicara tentang masa depan, ia fokus pada tim. Ia ingin meraih gelar bersama Barcelona dan sukses bersama Spanyol.

Ia juga ingin terus belajar, mengenal bahasa baru, dan berkembang sebagai pribadi.

Keseimbangan dalam Dunia yang Sibuk

Yang paling mengesankan bukan hanya bakatnya, tetapi keseimbangannya. Dalam dunia yang penuh tekanan, ia tetap tenang dan tersenyum.

Pelatih menghargai kedisiplinannya. Rekan setim menghormati sikapnya. Staf klub mengapresiasi rasa terima kasihnya.

Anak yang Terus Bermain

Di balik semua pencapaian, ia tetap anak yang dulu bermain di lapangan kecil dan bermimpi dari ruang tamu.

Mungkin di situlah rahasianya.

Ia bermain bukan untuk menjadi bintang, tetapi karena ia mencintai permainan.

Dan cinta yang tulus itu membuat kisahnya bukan hanya mengesankan, tetapi juga sangat manusiawi.

10
Maily

Profil Singkat

Wuff! Lihat profil ini — penuh dengan informasi keren tentang pahlawan sepak bola kita.

Lamine Yamal

Nama Lengkap: Lamine Yamal Nasraoui Ebana

Tanggal Lahir: 13 Juli 2007

Tempat Lahir: Esplugues de Llobregat, Spanyol

Kebangsaan: Spanyol

Posisi: Sayap kanan

Kaki Dominan: Kiri

Klub: FC Barcelona

Akademi: La Masia

Debut Profesional: 29 April 2023

Tim Nasional: Spanyol

Prestasi Utama: Juara Eropa 2024

Gaya Bermain: Cepat, kreatif, dribel kuat, keputusan cerdas

Kepribadian: Rendah hati, disiplin, fokus pada tim

Fakta Menarik

Siap untuk fakta seru? Ini beberapa hal menarik yang mungkin belum kamu ketahui!

Tahukah kamu...

Ia sangat suka menendang bola di lorong rumah sehingga keluarganya kadang harus memindahkan sepatu dan tas agar tidak menjadi rintangan.

Saat kecil, ia meniru selebrasi Lionel Messi di ruang tamu setelah menonton pertandingan Barcelona di televisi.

Ia bergabung dengan La Masia pada usia 7 tahun dan datang ke latihan pertamanya dengan senyum yang lebih besar daripada ranselnya.

Ia secara alami kidal, tetapi saat kecil ia juga mencoba mencetak gol dengan kaki kanan hanya untuk melihat apakah itu juga bisa berhasil.

Lamine pernah menjelaskan bahwa ia suka menggiring bola karena merasa seperti menggambar dengan bola seolah lapangan adalah kanvasnya.

Dalam turnamen usia muda, rekan setim yang lebih muda senang duduk di dekatnya saat makan siang karena ia selalu menceritakan kisah lucu.

Ia lebih menyukai makan malam sederhana bersama keluarga daripada perayaan besar, terutama ketika ibunya memasak makanan favoritnya.

Ia menghibur sepupunya dengan mencoba tendangan teknik menggunakan bola lembut di ruang tamu sambil berhati hati menghindari lampu.

Saat istirahat di sekolah, ia selalu membawa bola, bahkan pada hari ketika tidak diizinkan ia menyimpan bola kecil di dalam tasnya.

Rekan setimnya bercanda bahwa ia bisa menggiring bola di ruang sebesar pintu karena ia begitu sering berlatih di rumah.

Di La Masia, ia dikenal sering membantu pemain yang lebih muda memahami latihan tanpa diminta.

Ia suka mendengarkan musik sebelum pertandingan dan memiliki daftar lagu yang membantu tetap tenang dan fokus.

Ia pernah mengatakan bahwa perasaan terbaik dalam sepak bola adalah melihat rekan setim mencetak gol dari umpannya.

Setelah pertandingan besar, ia suka mengenang momen penting sambil menikmati camilan sederhana.

Saat mencetak gol pertamanya untuk Spanyol, ia tersenyum begitu lebar hingga pemain di bangku cadangan ikut tertawa.

Ia kadang memakai gelang keberuntungan sebagai pengingat dukungan keluarganya.

Dalam latihan, ia sering mengusulkan tantangan juggling kecil untuk melihat siapa yang bisa menjaga bola di udara paling lama.

Ia senang mengajarkan gerakan teknik kepada sepupunya, terutama yang terlihat sulit tetapi sebenarnya sederhana.

Meskipun bermain di stadion besar, ia tetap suka berlatih di ruang kecil seperti saat masih kecil.

Apa yang bisa kita pelajari dari legenda ini?

Mari kita luangkan waktu sejenak untuk melihat apa yang bisa kita pelajari dari perjalanan luar biasa ini.

Apa yang Bisa Kita Pelajari dari Lamine Yamal

Perjalanan Lamine Yamal mengajarkan bahwa kehebatan sejati dimulai dari kegembiraan, kerja keras, dan kebaikan. Sejak awal, ia hanya menikmati bola di kakinya. Kegembiraan itu menemaninya saat berlatih, belajar, dan berkembang. Ini mengingatkan kita untuk melakukan apa yang kita cintai dengan hati ringan karena passion adalah kekuatan besar.

Kita juga belajar pentingnya disiplin. Bahkan ketika ia menjadi terkenal, Lamine tetap fokus untuk berkembang setiap hari. Ia mendengarkan pelatih, menghormati rekan setim, dan mengulang hal kecil berulang kali. Kisahnya menunjukkan bahwa bakat itu penting, tetapi usaha yang mengubah bakat menjadi keberhasilan.

Lamine juga mengajarkan kerendahan hati. Setelah mencetak gol indah dan memecahkan rekor, ia tetap sopan dan tenang. Ia selalu berterima kasih kepada orang yang mendukungnya dan merayakan keberhasilan bersama.

Akhirnya, perjalanannya menunjukkan bahwa asal usul bisa menjadi kekuatan. Latar belakang multikulturalnya membentuknya menjadi pribadi yang percaya diri dan terbuka.

Melalui Lamine Yamal, kita memahami bahwa menjadi juara bukan hanya tentang bermain baik, tetapi juga tentang kebaikan, rasa ingin tahu, kerja keras, dan keyakinan pada mimpi.

Legenda ini mengingatkan kita bahwa setiap kisah besar dimulai dari rasa ingin tahu, keberanian, dan mimpi untuk membuat perubahan.

DREAM XI TERHEBAT MILIK MAILY – SEPANJANG MASA

Sejak awal, Maily punya misi rahasia.

Di setiap bab, ia menyembunyikan pemain legendaris.

Sekarang semua pemain sudah ditemukan.

Tim impian akhirnya lengkap.

Bersiaplah...

Inilah DREAM XI TERHEBAT MILIK MAILY – SEPANJANG MASA.

Penjaga Gawang

Lev Yashin (Uni Soviet) - Ia terbaik karena mampu menyelamatkan bahkan tembakan yang paling sulit.

Bek

Franco Baresi (Italia) - Ia terbaik karena bisa membaca permainan dan menghentikan serangan lebih awal.

Franz Beckenbauer (Jerman) - Ia terbaik karena memimpin permainan dari lini belakang.

Paolo Maldini (Italia) - Ia terbaik karena bertahan dengan tenang dan elegan tanpa kesalahan.

Gelandang

Zinedine Zidane (Prancis) - Ia terbaik karena mampu mengendalikan permainan dengan teknik dan ketenangan.

Ronaldinho (Brasil) - Ia terbaik karena bermain dengan kreativitas dan membuat permainan terasa ajaib.

Diego Maradona (Argentina) - Ia terbaik karena bisa melewati lawan sendirian dan menciptakan momen luar biasa.

Penyerang

Ronaldo Nazário (Brasil) - Ia terbaik karena menggabungkan kecepatan, kekuatan, dan teknik secara sempurna.

Cristiano Ronaldo (Portugal) - Ia terbaik karena selalu mendorong batas dan mencetak gol dengan konsisten.

Lionel Messi (Argentina) - Ia terbaik karena mengendalikan bola dengan magis dan melewati lawan dengan mudah.

Apakah kamu melihat sesuatu yang aneh?

Ada sepuluh bab... tetapi tim membutuhkan sebelas pemain.

Jadi, di mana pemain terakhir?

Sekarang saatnya mengungkap pemain rahasia terakhir Maily.

Siap?

Menurutmu, siapa yang masih kurang?

PELÉ - RAJA SEPAK BOLA

Pelé bukan hanya pemain sepak bola, tetapi legenda yang menginspirasi dunia. Ia bermain dengan senyum, keberanian, dan semangat yang luar biasa.

Ia mencetak ratusan gol dan memenangkan Piala Dunia.
Setiap sentuhannya membuat sepak bola terasa seperti seni dan keajaiban.

Pelé akan selalu dikenang sebagai Raja Sepak Bola, karena ia membuat dunia mencintai permainan ini.

Tim Impian Terhebat Maily

Dan akhirnya: Perburuan Huruf Maily

Maily telah menyembunyikan delapan bola khusus di dalam buku ini dan masing masing membawa satu huruf rahasia.

Temukan semuanya, susun dari 1 sampai 8, dan kamu akan menemukan sebuah kata penting dalam sepak bola.

Kata ini bukan hanya aturan tetapi nilai yang membimbing pemain di seluruh dunia.

Kata ini melindungi permainan, menyatukan tim, dan menunjukkan apa yang membuat juara sejati.

Cari di setiap bab.

Bola bola itu tersembunyi tetapi Maily tahu kamu bisa menemukannya.

Apakah kamu siap menemukan rahasia besar sepak bola?

Kata rahasia ini adalah inti sepak bola.
Artinya rasa hormat, kejujuran, dan permainan yang adil.

Kesimpulan - Jalanmu, Pesanmu

Setiap bintang memulai dari langkah kecil dan menghadapi tantangan dalam perjalanannya. Mereka terus maju dengan keberanian, kerja keras, dan semangat, bahkan ketika keadaan terasa sulit. Kekalahan dan kesalahan tidak menghentikan mereka, tetapi justru membantu mereka belajar dan tumbuh menjadi lebih kuat.

Kamu juga bisa mengejar mimpimu, selangkah demi selangkah. Setiap latihan, setiap sentuhan bola, dan setiap usaha membuatmu berkembang. Yang terpenting adalah terus percaya pada dirimu sendiri dan tidak menyerah.

Ingatlah: mimpi tidak dimulai nanti. Mimpi dimulai hari ini — dengan langkah pertamamu.

Bintang sepak bola: setiap legenda pernah memulai sebagai anak dengan sebuah bola.

Maily - Anjing Kecil

Kamu sudah melihat Maily dalam cerita – anjing kecil yang berani dan penuh kebaikan.

Sekarang ada satu rahasia: Maily benar-benar ada.

Ia adalah campuran Bichon Malta dan Yorkshire Terrier – lembut, ceria, dan penuh kasih.

Maily mencintai jalan-jalan, selimut hangat, dan tentu saja camilan.

Meskipun kecil, cintanya besar.

Maily adalah hati di balik setiap cerita Wonderkids — yang mengingatkan kita untuk tetap baik, berani, dan penuh mimpi.

BINTANG SEPAK BOLA

Wuff – aku masih punya sesuatu untukmu!

Buku ini hanyalah salah satu dari seri kami.

Di setiap buku, kamu akan menemukan bintang sepak bola yang menginspirasi.

Kamu bisa mengumpulkan semuanya seperti koleksi cerita sepak bola.

Penyerang, gelandang, penjaga gawang, atau bek – semua legenda ada di sini.

Temukan lebih banyak bintang sepak bola dan kumpulkan semuanya!

BINTANG SEPAK BOLA
JILID 1
LAMINE YAMAL

BINTANG SEPAK BOLA
JILID 2
KYLIAN MBAPPÉ

BINTANG SEPAK BOLA
JILID 3
ERLING HAALAND

BINTANG SEPAK BOLA
JILID 4
LIONEL MESSI

BINTANG SEPAK BOLA
JILID 5
CRISTIANO RONALDO

BINTANG SEPAK BOLA
JILID 6
JUDE BELLINGHAM

BINTANG SEPAK BOLA
JILID 7
VINÍCIUS JUNIOR

BINTANG SEPAK BOLA
JILID 8
NEYMAR JR

BINTANG SEPAK BOLA
JILID 9
MOHAMED SALAH

BINTANG SEPAK BOLA
JILID 10
BUKAYO SAKA

Publishing

Kata Penutup

Sepak bola lebih dari sekadar permainan. Sepak bola adalah mimpi dan harapan. Setiap bintang yang kamu kenal pernah menjadi anak kecil dengan mimpi besar dan sebuah bola di sisinya.

Jamal, Lamine, Leo, Kylian, Cristiano, dan banyak bintang lainnya membuktikan bahwa dengan percaya diri, latihan, dan ketekunan, hal besar bisa tercapai.

Ingat:

- Semua bintang memulai dari kecil.
- Mereka juga menghadapi kesulitan.
- Tetapi mereka terus maju.

Dan kamu juga bisa.

Maily berkata: “Setiap mimpi dimulai dari langkah pertama.”

Nikmati sepak bola dan teruslah bermimpi.

Buku ini berakhir, tetapi petualanganmu baru saja dimulai — mungkin kamu adalah bintang sepak bola berikutnya!

Maily
AKHIR LAGA!

Informasi Hukum

Judul:

Bintang Sepak Bola

Penulis / Penerbit:

Publishing

WONDERKIDS UNIVERSE (Harald Sesselmann) Penerbitan mandiri

Mungkin suatu hari aku akan menulis kisahmu — untuk bintang sepak bola!

www.ingramcontent.com/pod-product-compliance
Lightning Source LLC
LaVergne TN
LVHW050750051026
849532LV00008B/2823